AF324390

LA
RÉVOLUTION RUSSE

ET LA GUERRE EUROPÉENNE

NOTES DE RUSSIE

PAR

Pierre CHASLES

Extrait de la *Revue des Sciences politiques* du 15 Août 1917.

Prix : 60 centimes.

PARIS
LIBRAIRIE FÉLIX ALCAN
108, BOULEVARD SAINT-GERMAIN, 108

LA RÉVOLUTION RUSSE
ET LA GUERRE EUROPÉENNE

Par PIERRE CHASLES

Rien ne prouve mieux que la Révolution russe l'importance décisive des forces morales en temps de guerre. L'armée russe, peut-on dire, n'a jamais été aussi forte matériellement qu'au printemps de 1917. Jamais les stocks de munitions — grâce au développement de l'industrie métallurgique et chimique à l'intérieur de l'Empire, grâce également à l'aide efficace des Alliés — n'ont été aussi considérables qu'à cette époque. Et pourtant, jamais la force combative de l'armée russe n'a été aussi faible. C'était, en définitive, l'anéantissement temporaire de tout un front. La machine de guerre était toujours en place, mais il semblait que le ressort intérieur en fût brisé[1]. La Révolution russe a été l'occasion, sinon la cause de ce détraquement. Il y a dans l'histoire peu de faits politiques dont les répercussions militaires aient été si graves.

Cet événement formidable, dont il serait vain de vouloir à l'heure actuelle mesurer exactement la portée, a été presque partout accueilli avec surprise et reste encore, pour beaucoup, une énigme. Le seul moyen de la déchiffrer est de se mettre, pour ainsi dire, dans le sillage de l'histoire russe, de saisir sur le vif les tendances des différents partis et leur relation avec la politique du gouvernement. C'est précisément ce que je voudrais tenter de faire au cours de la présente étude. Ayant suivi avec soin l'évolution politique de la Russie depuis la grande crise de 1905, ayant observé sur place, au cours de nombreux voyages, la vie et les aspirations des différentes classes sociales, je dois en outre au hasard d'une mission la rare

---

1. Ce qui montre bien qu'il ne s'agissait pas de lassitude physique, mais uniquement de faiblesse morale, c'est que, parmi les soldats maugréant le plus contre la guerre et refusant de se battre, il y avait beaucoup de jeunes mobilisés, n'ayant passé que quelques mois dans les tranchées ! Ce fait a été signalé par un correspondant du journal *Edinstvo*.

fortune de m'être trouvé en Russie même pendant la Révolution, depuis la chute de Stürmer en novembre 1916 jusqu'à la formation d'un ministère « de coalition » en mai 1917, d'avoir vu ainsi la fragilité, puis l'effondrement de l'ancien régime, les espoirs et les désenchantements de la Révolution, les progrès et l'usure de l'anarchie.

Tout en étudiant la Révolution russe en elle-même, dans le milieu où elle s'est développée, je ne perdrai jamais de vue le lien qui l'unit à la grande guerre européenne, lien terrible qui nous défend de l'envisager avec une sereine indifférence. Quand on est « dans la mêlée », on peut être impartial, mais on ne saurait être neutre.

I. — L'ANCIEN RÉGIME.

Le malaise politique dont souffre la Russie depuis le milieu du XIXe siècle, qui s'est traduit en 1905 par une première crise révolutionnaire et qui vient d'aboutir à la catastrophe de février 1917, se résume essentiellement dans l'opposition de « nous » et de « eux », de la « société » et de la « bureaucratie ».

Depuis les « années soixante », ces deux mots reviennent perpétuellement sous la plume des publicistes. La « société », devenue majeure, veut participer de plus en plus efficacement à la direction des affaires publiques : les « bureaux » doivent servir et non gouverner. Mais les fonctionnaires ou *tchinovniks* entendent conserver leur rôle dirigeant. Enfermés dans leur compétence technique, isolés de l'opinion, ils professent pour la société un immense mépris. Les ministres-bureaucrates, agissant au nom de l'Empereur, traquent sous toutes ses formes les manifestations de la vie sociale : la parole, la presse, les associations. Encore moins sont-ils disposés à se dessaisir, en faveur de la société, de certaines fonctions administratives ou politiques. La bureaucratie impériale ne fait des concessions au système représentatif qu'après avoir épuisé tous les moyens de résistance, et, la concession une fois faite, elle essaie de reprendre d'une main ce qu'elle vient d'accorder de l'autre.

Deux fois, depuis le milieu du XIXe siècle, elle a dû céder aux exigences de l'élément social :

1° Sous Alexandre II ont été instituées des assemblées représentatives locales, *zemstvos* dans les provinces et *doumas* dans les villes. On n'insistera jamais assez sur le rôle capital qu'ont joué les zemstvos dans l'éducation politique et administrative de la société russe. Sans doute ils étaient élus à un suffrage très restreint, mais ils ont constitué justement une étape féconde entre le régime bureaucratique et la démocratie. Ils ont permis à l'élite de la société russe, aux éléments « censitaires », de prendre contact avec la vie réelle.

Les zemstvos ont été, à ce point de vue, bien supérieurs à nos conseils généraux. Alors qu'en France, c'est l'administration préfectorale qui exécute les décisions du conseil général, en Russie les zemstvos ont leurs fonctionnaires propres, complètement séparés de l'administration impériale et, notamment, du gouverneur. En somme, la décentralisation a été poussée plus loin dans la Russie autocratique que dans la France républicaine.

2° En 1905, sous la poussée de la première révolution russe, Nicolas II a dû « couronner » l'édifice commencé par Alexandre II. Aux zemstvos et aux doumas municipales a été superposée la Douma d'Empire. Comme l'a très bien montré le comte Witte[1], il était impossible de s'arrêter à mi-chemin : il fallait progresser ou rétrograder. Il existe en effet, dans l'histoire des institutions, une « corrélation des formes » analogue à celle dont Cuvier a démontré l'existence en biologie. Le *self-government* local appelle, tôt ou tard, le *self-government* central.

Malheureusement, Nicolas II n'avait cédé qu'à contre-cœur. La constitution, octroyée en 1905, n'a jamais été sincèrement appliquée. L'Empereur, tenant jalousement à ses prérogatives, n'a jamais voulu admettre que les ministres fussent responsables devant la Douma. Le gouvernement est toujours resté essentiellement bureaucratique. Instable et désuni, manquant de cohésion et par suite de cohérence, soumis à ces « influences occultes » qui ont marqué de leur scandale les dernières années du règne, il avait fait, pour ainsi dire, le vide autour de lui. Tous les partis libéraux, non seulement les « cadets » ou constitutionnels démocrates, mais les octobristes eux-mêmes, étaient finalement convertis au parlementarisme. Tout

---

1. Voir Comte Witte, *Samoderjavié i Zemstvo*, réédité à Saint-Pétersbourg en 1908.

le monde réclamait en Russie la constitution d'un ministère « social », qui inspirât confiance à la nation.

Le 26 février [1], la veille même de la Révolution, le président de la Douma, M. Rodzianko, télégraphiait encore à l'Empereur, au grand quartier général : « Il est nécessaire de donner immédiatement mission de former un nouveau gouvernement à une personnalité jouissant de la confiance générale. » Le lendemain matin, il renouvelait ses instances sous une forme plus pressante encore Nicolas II ne répondit même pas !

Cet entêtement fatal devait aboutir à l'explosion révolutionnaire du 27 février. La Douma, libérale et modérée, n'avait pu obtenir, sur le terrain du droit, la transformation de la bureaucratie en régime parlementaire. C'est le prolétariat de Pétrograd et les leaders socialistes qui prirent, par la force même des choses, la direction du mouvement. La Douma d'Empire ne « bouda » pas la Révolution, mais elle fut dorénavant à la remorque du socialisme révolutionnaire.

Le pouvoir passa, en fait, au *Sovièt* ou Conseil des députés ouvriers et soldats de Pétrograd. Il faut reconnaître impartialement que cet organe révolutionnaire a fait preuve jusqu'ici d'un certain sens politique. Il est sans doute déplorable que les événements de février aient donné un tel ascendant au prolétariat de Pétrograd, mais, cette situation de fait une fois établie, on ne peut regretter qu'il se soit organisé sous la direction de son Comité exécutif, au lieu de constituer une force terriblement aveugle aux mains du premier excitateur venu. Malheureusement le gouvernement provisoire, issu de la Douma, n'a pu être, à aucun degré, maître de la situation. Partisan de la monarchie parlementaire, il a dû se rallier à la République démocratique. Animé du patriotisme le plus sincère, il n'a pu empêcher l'anarchie d'affaiblir la force combative de l'armée, tandis que la propagande internationaliste ébranlait la volonté de combattre elle-même [2].

1. Nous indiquons toutes les dates d'après le calendrier russe, qui retarde de treize jours sur le nôtre.

2. Sur la transformation constitutionnelle de la Russie, voir mon article de la *Revue politique et parlementaire* (10 juillet 1917).

II. — LIBÉRAUX ET SOCIALISTES.

Les leaders de l'opposition à la Douma, M. Milioukov notamment, étaient à coup sûr d'ardents patriotes. Ils reprochaient surtout au gouvernement bureaucratique son impuissance à organiser la victoire. Si tous les partis du « bloc progressiste » réclamaient la constitution d'un ministère « social », jouissant de l'estime et de la confiance du pays, c'est qu'ils espéraient par là renforcer le gouvernement, le soustraire aux « influences occultes » et aux intrigues germanophiles plus ou moins déguisées.

Les grandes organisations sociales — unions des zemstvos et des villes, comités industriels de guerre — avaient efficacement suppléé à l'insuffisance des pouvoirs publics en matière de défense nationale. Le parlementarisme, pensait-on, serait seul en mesure de couronner cette œuvre. Que le ministère s'appuie sur la Douma, qu'il fasse appel à toutes les forces sociales du pays, au lieu d'entraver leur action par des tracasseries policières, qu'il réorganise et qu'il vainque — voilà ce que demandait l'opposition libérale.

Par quel étrange paradoxe, la Révolution triomphante a-t-elle entraîné si rapidement la désorganisation de l'armée, l'affaissement de l'énergie patriotique et la reprise d'intrigues germanophiles autrement dangereuses que celles de l'ancien régime?

La contradiction n'est qu'apparente. En fait l'opposition libérale n'a ni préparé, ni dirigé la Révolution. Elle a sans doute puissamment contribué à l'effondrement du régime impérial, par ses attaques incessamment renouvelées, mais les événements révolutionnaires ont infiniment dépassé toutes ses prévisions. Si Nicolas II, au lieu de se raidir dans un entêtement aveugle, avait fait la moindre concession, s'il avait constitué, en novembre 1916, un ministère analogue à celui du prince Lvov, l'opposition libérale aurait été maîtresse de la situation, et nous sommes profondément persuadé que la guerre aurait été menée avec plus d'ardeur patriotique que jamais.

On a bien vu, dans les premiers jours de la Révolution, à quel point le parti « cadet » était sincèrement monarchiste. C'est la faute impardonnable de l'ancien régime de n'avoir pas su l'utiliser.

La gauche libérale était en somme un parti d' « évolution ». Dès que la troupe et le prolétariat de Pétrograd ont été maîtres de la rue, c'est le socialisme révolutionnaire qui l'a nettement emporté.

La lutte contre l'ancien régime était en effet menée sur deux fronts. D'une part, la bourgeoisie intellectuelle, groupée autour des progressistes, des cadets et des octobristes de gauche, aspirait surtout à la liberté politique. D'autre part, les masses ouvrières et paysannes, menées par des théoriciens du socialisme, tendaient vers la révolution sociale.

L'action des libéraux était plus visible que celle des socialistes. Ils étaient maîtres de la Douma, de la plupart des zemstvos, des comités industriels de guerre, des Universités, de la presse.

Les socialistes au contraire, traqués par le gouvernement, ne pouvaient agir en plein jour. Ils étaient peu nombreux à la Douma. Leurs leaders étaient en exil ou en Sibérie. Leur presse avait été supprimée par la police.

La poussée socialiste, n'ayant ainsi aucun « exutoire », devait suivre nécessairement la voie révolutionnaire. Elle s'est manifestée brusquement, le 27 février, sous une forme, pour ainsi dire, explosive.

Elle a pu surprendre ceux qui avaient oublié les événements de 1905 et n'avaient pas observé, avec une perspicacité suffisante, les transformations profondes de la société russe.

Le grand fait social qui a marqué, en Russie, le dernier quart du xixᵉ siècle, est l'« industrialisation » du pays. Le protectionnisme d'un Witte a eu ainsi — sans qu'il s'en doutât lui-même — des conséquences politiques incalculables. C'est grâce à lui que s'est formé, en Russie, depuis quarante ans, une classe ouvrière, particulièrement accessible aux idées révolutionnaires.

Dès 1905, l'état-major des partis socialistes était constitué. Beaucoup de noms propres, qui semblent actuellement nouveaux au grand public, sont en fait connus depuis longtemps dans les milieux initiés. La rupture de Lénine et de Plékhanov, des social-démocrates « majoritaires » et « minoritaires », remonte à 1903. En 1905, comme en 1917, Maxime Gorki, ce grand artiste d'une si prodigieuse inintelligence en matière sociale, collaborait au journal pétersbourgeois *Novaïa Jizn'*. Tsérételli faisait partie de la première Douma ;

Kérenski, Skobelev et Tkhcidzé de la quatrième. Tchernov est un des plus anciens leaders du parti socialiste-révolutionnaire. La revue des socialistes-populistes *Rousskoïe Bogatstvo* avait déjà pour collaborateur en 1905 A. Péchékhonov.

L'attitude des socialistes vis-à-vis de la guerre européenne différait profondément de celle des cadets. Il n'est donc pas étonnant que, devenus maîtres de la situation après le 27 février, ils aient orienté la Révolution dans un sens qui a surpris l'Europe. Pour eux, les cadets sont encore inféodés à l' « impérialisme bourgeois ». Sans doute l'Allemagne est responsable en partie de la guerre, mais la « république bourgeoise » de France, l' « impérialisme britannique » et, surtout, le nationalisme russe ont également leur part de responsabilité. Le nouveau régime doit donc reviser les « buts de guerre » du tsarisme. Il doit exercer une pression sur les gouvernements alliés, leur arracher un renoncement formel à toute « annexion » et à toute « contribution ». La réponse des Alliés au président Wilson sur les buts de la guerre doit être ouvertement répudiée. Les traités secrets, partageant d'avance l'Europe, la Turquie ou l'Afrique, doivent être publiés. Les socialistes de tous les pays, alliés ou ennemis, doivent concerter leur action pour imposer la paix aux gouvernements « capitalistes ». Il faut poursuivre à Stockholm l'action de Zimmerwald et de Kienthal. C'est par cette coalition des travailleurs, bien plus que par la guerre à outrance, qu'on obtiendra la paix socialiste.

Le gouvernement libéral, constitué par la Douma au lendemain de la Révolution, ne pouvait évidemment faire sien ce programme internationaliste du *Soviét*. Ardemment patriote, aux prises avec les difficultés de la vie réelle, en contact permanent avec les ambassadeurs des pays alliés, il ne pouvait trahir la cause commune. M. Goutchkov à la guerre et M. Milioukov aux Affaires étrangères firent des prodiges de souplesse et d'équilibrisme pour sauver l'honneur et les intérêts vitaux de la Russie, tout en faisant des concessions plus ou moins larges au socialisme. Mais l'esprit de transaction a ses limites, et la cassure inévitable finit par se produire. M. Milioukov notamment, qui s'était toujours prononcé pour l'annexion de Constantinople, qui avait soutenu la politique étrangère de M. Sazonov et confirmé sa nomination à l'ambassade de Londres [1], ne pouvait se maintenir devant l'hostilité du *Soviét*. A la fin d'avril, il dut donner sa démission ou, plus exactement, comme il l'a dit lui-même, on le « démissionna ».

Que la grande crise de la Révolution russe ait éclaté sur le terrain de la politique extérieure, n'est-ce pas un des traits les plus caractéristiques de l'heure présente ?

Cette crise extrêmement grave accusait nettement la divergence fondamentale des points de vue libéral et socialiste. Elle mettait en pleine lumière le mal profond du nouveau régime, cette dualité de pouvoir qui entretenait l'anarchie.

D'une part le gouvernement de droit, seul responsable, groupait autour du prince Lvov toute l'élite de la bourgeoisie libérale. D'autre part, le Conseil des députés ouvriers et soldats, le *Soviét* de Pétrograd, possédait la force matérielle et agissait sur le ministère sans partager la responsabilité du pouvoir.

Comme l'a dit M. Goutchkov, au lendemain de sa démission, il était impossible de conserver la responsabilité de droit, sans avoir le pouvoir de fait. Pareille situation mènerait certainement le pays « au bord de l'abîme ».

III. — L'ANARCHIE.

Il faut avoir vécu en Russie au printemps de 1917 pour s'être bien rendu compte des progrès effroyables de l'anarchie.

Le gouvernement provisoire, composé d'hommes intègres et perspicaces, n'avait malheureusement à sa disposition ni un caporal ni un gendarme pour faire exécuter ses ordres. Chaque ville, chaque province s'administrait à sa guise. Les institutions de l'ancien régime — gouverneurs, police, zemstvos eux-mêmes — s'étaient effondrées. C'était partout, comme à Pétrograd, une extraordinaire confusion de pouvoirs. Les commissaires du gouvernement, les comités exécutifs locaux, les conseils des députés ouvriers et soldats donnaient

1. Pendant la crise ministérielle des premiers jours de mai, M. Sazonov était sur le point de quitter Pétrograd pour rejoindre son poste diplomatique à Londres, quand, sur le quai même de la gare de Finlande, il reçut l'ordre de rester en Russie. Il fallut retirer ses malles du fourgon ! La chute de M. Milioukov avait entraîné fatalement celle de M. Sazonov.

des ordres contradictoires, négociaient ou luttaient les uns avec les autres, soumis aux influences les plus diverses et les plus instables. Il faut reconnaître que dans l'ensemble, cette anarchie restait assez calme. A part les journées sanglantes de Pétrograd, il y a eu peu de pillages et peu de morts. L'interdiction de l'alcool a certainement joué sur ce point un rôle des plus bienfaisants.

Mais à la crise politique se superposa bientôt une crise économique. La productivité des usines de guerre tomba rapidement au tiers de la productivité antérieure. La paresse nationale, encouragée par des fêtes et des manifestations de toutes sortes, ne connut plus de bornes. Les hausses formidables de salaires réclamées par les ouvriers rompirent l'équilibre financier des industries, et nous avons entendu bien souvent des chefs d'entreprise, des directeurs d'usines nous déclarer : « Nous perdons actuellement tant de roubles par jour ; nos disponibilités nous permettent de tenir pendant tant de semaines encore ; à telle date, nous serons obligés de fermer! »

Bien plus grave encore, véritablement angoissante apparaissait la situation militaire. Sans doute l'armée de l'ancien régime n'a jamais été puissamment organisée comme celles d'Occident. Pour qu'elle se soit, dans la crise révolutionnaire, si rapidement désagrégée, il faut bien que des éléments d'anarchie aient déjà préexisté. Mais, sous l'ancien régime, elle tenait tant bien que mal, en vertu de la discipline acquise, comme un édifice menaçant ruine, tant que la clef de voûte ne s'est pas effondrée.

Le mouvement révolutionnaire a eu, comme contre-coup direct un relâchement plus ou moins spontané de la discipline. Les soldats élurent, dans chaque régiment, des comités, qui se mirent à « palabrer » sans fin, à discuter avec les chefs, à formuler leurs revendications. La fraternisation avec l'ennemi devint, pour ainsi dire, la règle. Le ministre de la Défense nationale, débordé par l'agitation révolutionnaire, dut faire de graves concessions, qui achevèrent de désorganiser l'armée. La peine de mort a été supprimée, même sur le front. Les officiers ne doivent plus tutoyer leurs hommes. Les soldats ne disent plus aux généraux « votre Excellence ». A l'heure actuelle, ils sont même dispensés de faire le salut militaire. On objectera peut-être que ce sont là des questions de troisième ordre, tout extérieures et purement formelles. Sans doute, chez des peuples énergiques et disciplinés comme les Anglo-Saxons, les « marques extérieures de respect » ne sont pas indispensables. Mais chez un peuple anarchique — que les historiens byzantins qualifiaient déjà au moyen âge d'ἀναρχικος — elles sont nécessaires, comme les rites en matière religieuse, pour ployer le corps et discipliner l'âme.

Enfin les déserteurs, qui avaient toujours été nombreux dans l'armée russe, se multiplièrent dans des proportions effroyables. Quiconque a voyagé en Russie à cette époque, se rappelle combien de soldats errants venaient refluer du front vers l'intérieur, vaguant dans les rues, encombrant les gares, pendant par grappes humaines aux toitures des wagons !

La propagande des pacifistes et des internationalistes ne pouvait manquer d'agir rapidement dans un pareil milieu social. Dans tous les pays, en France comme ailleurs, il existait avant la guerre des théoriciens de l'antipatriotisme. Mais ce mouvement d'idées, tout en surface, a été bien vite enrayé par le sursaut de l'énergie nationale. Si en Russie, au contraire, la propagande pacifiste a exercé de si terribles ravages, c'est évidemment que le peuple était tout disposé à l'accueillir. Il était, comme disent les médecins, en état de réceptivité.

Pour bien comprendre ce phénomène, dont les conséquences ont été si graves, il faut faire un peu de psychologie nationale.

D'abord, et avant tout, le paysan russe, qui constitue l'ossature de la nation et de l'armée, n'a qu'un sentiment patriotique des plus rudimentaires. Il est, si je puis dire, en deçà du patriotisme. Le *moujik* — comme l'ouvrier dont le caractère rural est encore très accentué — ignore cette forme moderne du sentiment national qui date surtout, en Occident, de la Révolution française. De l'avis même des Russes, le partage des terres le préoccupe beaucoup plus que l'honneur national. Quand le peuple russe manifeste dans la rue, il chante la *Marseillaise*, mais sur un rythme ralenti qui la dénature, et l'on sent tout de suite que le souffle du grand hymne guerrier s'est évanoui [1] !

---

1. C'est un fait caractéristique que, pour « galvaniser » les troupes, M. Kérenski, faisant preuve d'un sens psychologique très sûr, les invite à défendre la Révolution et la liberté, plutôt que la patrie ou l'honneur national.

L'ignorance, contre laquelle l'ancien régime n'a jamais sérieusement lutté, explique pour une bonne part l'absence de patriotisme. Le sentiment patriotique a besoin d'être réchauffé au contact de l'histoire et de la géographie nationale, de l'*otétchestvovédénié*, comme disent les Russes. N'est-ce pas un des rôles sociaux de l'École? Ce qui le prouve bien, c'est que beaucoup de Russes cultivés sont d'excellents patriotes. J'en ai vu pleurer devant l'effondrement de leurs espérances les plus chères.

Malheureusement, ces Russes cultivés manquent en général d'énergie. Leur patriotisme ne va pas jusqu'à l'action. Trop souvent la bourgeoisie « embusque » ses fils dans l'Union des Zemstvos ou des Villes, la Croix-rouge, etc., privant ainsi l'armée russe d'officiers de réserve. Alors qu'en France les socialistes ne peuvent reprocher à la bourgeoisie de ne pas prendre sa part de combat, en Russie ce reproche est trop souvent fondé.

On pourrait dire, en exagérant un peu les oppositions, que le peuple russe est comme divisé en deux parties : d'un côté les *moujiks* en armes, vibrant très peu au sentiment patriotique, et, de l'autre, les classes cultivées, généralement patriotes, mais restant à l'arrière.

Cette apathie qui est un des traits du caractère national russe, l'horreur de tout effort, le goût immodéré des *prazdniks* (fêtes chômées) constituent un excellent terrain de culture pour la propagande pacifiste.

J'admets que les socialistes soient contre toute politique de conquête, mais, s'ils avaient un peu de courage et de force morale, ils se déclareraient prêts à sacrifier leur propre vie pour imposer à l'Allemagne le principe de l' « auto-détermination » des peuples.

Au lieu de cela, que voyons-nous? L'article 7 du programme gouvernemental, imposé manifestement par le Conseil des députés ouvriers et soldats, promet de ne pas désarmer et de *maintenir à Pétrograd* les troupes révolutionnaires. Je veux bien croire que le souci désintéressé de défendre la Révolution ait en partie dicté cet article, mais je reste persuadé que la crainte d'être envoyé sur le front y est bien pour quelque chose!

Joignez à cela l'idéologie humanitaire qui cadre admirablement avec les prédispositions naturelles de l'âme russe.

On a souvent signalé l'action néfaste d'un Tolstoï. Je crois, quant à moi, qu'on exagère l'influence sociale de son œuvre. Mais ce qui est certain, c'est que Tolstoï exprime profondément l'âme russe. Il est encore plus un effet ou, si l'on préfère, un symptôme qu'une cause. L'évangélisme russe rejoint ainsi très facilement le socialisme. Non seulement ce grand peuple n'est pas militariste, mais il n'est même pas militaire. On a dit que l'Orient s'opposait à l'Occident, « comme Marie à Marthe ». Il est bien évident que « Marie » n'a pas l'étoffe d'une guerrière !

Au fond — il est juste de le reconnaître — le grand défaut de la Russie dans cette guerre, la tare originelle dont nous pouvons à peine lui faire un reproche, c'est d'être extraordinairement arriérée. L'existence d'une classe intellectuelle très avancée ne saurait en rien modifier cette appréciation d'ensemble. Elle accuse au contraire le profond déséquilibre de la société russe : si la tête est du XXe siècle, la masse est contemporaine du moyen âge.

Les social-démocrates russes font donc preuve d'une étrange naïveté quand ils se croient plus « avancés » que leurs camarades de France ou d'Angleterre. Le pacifisme des masses russes, sur lesquelles ils s'appuient, est aussi éloigné de l'internationalisme occidental que les communautés villageoises de Grande-Russie le sont du socialisme moderne. Dans l'un comme dans l'autre cas, la Russie retarde. Les Russes ont beau colorer leurs programmes de grands mots : ils auraient tort de croire que leur Révolution puisse avoir, sur ce point, une originalité créatrice.

Qu'est-ce, en définitive, que le pacifisme russe, sinon une idéologie naïve, à la fois évangélique et socialiste, greffée sur un fonds d'ignorance et d'inertie ?

IV. — LES DEUX COURANTS DU SOCIALISME ET LE MINISTÈRE DE COALITION.

Pour endiguer le flot montant de l'anarchie, il n'y avait évidemment qu'un moyen : renforcer le gouvernement provisoire. Le peuple russe, comme tous les « communautaires », est essentiellement malléable. De bons meneurs peuvent refaire assez vite ce qu'ont défait les mauvais meneurs. Mais il faut établir, avant tout, l'unité de direction.

Or, comme je l'ai montré plus haut, pendant les premiers mois de la Révolution, le pouvoir de fait appartenait au *Soviêt* de Pétrograd, tandis que le pouvoir de droit appartenait au gouvernement provisoire. Pour supprimer cette dualité de pouvoir, il fallait, de toute évidence, faire entrer des représentants du *Soviêt* dans le gouvernement. C'était le seul moyen d'unir la force au droit.

A vrai dire, dès le 2 mars 1917, il y avait bien dans le gouvernement provisoire un ministre qui servait en quelque sorte de lien avec le *Soviêt*. C'était M. Kérenski, tout à la fois ministre de la Justice et vice-président du Comité exécutif des députés ouvriers et soldats. De là venait précisément son prestige politique. Les événements l'ont servi, et il s'est montré à la hauteur des événements. Son accession au gouvernement du prince Lvov a été singulièrement précieuse. Sans elle, le premier ministère « social » de la Russie n'aurait pas été viable. Malheureusement M. Kérenski se trouvait isolé dans un ministère de libéraux bourgeois. Les autres socialistes repoussèrent, pendant longtemps, toute idée d'un ministère de coalition. Ils faisaient valoir une fois de plus les vieux arguments scolastiques des congrès socialistes internationaux contre la participation au pouvoir dans un ministère bourgeois. Ainsi, tout en prétendant exercer son contrôle, le *Soviêt* de Pétrograd se refusait à prendre aucune part de responsabilité dans l'action.

Pourtant, dans les derniers jours d'avril, l'anarchie devint si menaçante que les socialistes finirent par céder. Des pourparlers furent engagés avec le gouvernement provisoire, et, après bien des péripéties, le 5 mai 1917, un ministère de coalition fut constitué. La démission de MM. Goutchkov et Milioukov facilita le dénouement de la crise. Deux portefeuilles se trouvèrent ainsi disponibles. Les Postes et Télégraphes, le Ravitaillement, le Travail, l'Assistance publique, furent érigés en départements distincts. C'est ainsi que MM. Skobélev, Tsérételli, Tchernov et Pêchékhonov purent entrer dans le ministère à côté de M. Kérenski. Quant à M. Tkhéidzé, il conserva la présidence du *Soviêt*, d'accord avec les nouveaux ministres socialistes.

Cette solution bienfaisante, qui a notablement renforcé le ministère, impliquait évidemment l'existence, au sein de la masse socialiste, d'un parti de gouvernement.

Si l'on s'efforce en effet d'analyser avec soin le mouvement socialiste russe, on remarque bien vite qu'il a toujours tendu à se diviser en deux courants principaux : d'une part les extrémistes tournés vers l'agitation et, d'autre part, les modérés tournés vers l'action réaliste. On peut dire, en employant un mot de notre jargon parlementaire, que seuls les modérés sont « ministrables ».

Actuellement, c'est sur la question patriotique que se produit la cassure. Qui songerait à faire entrer dans le ministère un socialiste « défaitiste [1] »?

Mais, si l'on considère l'évolution du socialisme en Russie depuis une quinzaine d'années, on voit que la division des partis s'est faite sur un ensemble de questions beaucoup plus complexe.

Pour être en mesure de comprendre les discussions socialistes à l'heure actuelle, il est donc indispensable de remonter quelque peu en arrière.

Il y a toujours eu, en Russie, deux socialismes bien différents : la social-démocratie et le socialisme-révolutionnaire. Pour employer les abréviations russes, il y a toujours eu opposition d'esprit, de tendance et de programme entre les *s.-d.* et les *s.-r.*

Le socialisme-révolutionnaire, qui a pour pères spirituels Mikhaïlovski et Lavrov, est essentiellement russe. Il considère que la vie économique se développe en Russie dans un autre sens qu'en Allemagne, en Angleterre ou en France. Le capitalisme et la lutte des classes y sont moins accusés. La démocratie russe se compose principalement de paysans communistes. Aussi la question agraire doit-elle primer toutes les autres.

On peut dire que le socialisme-révolutionnaire s'est constitué en 1902 par opposition à la social-démocratie, qui met au contraire en première ligne les intérêts du prolétariat ouvrier.

La social-démocratie n'a rien de russe. C'est une section de l'Internationale ouvrière, et ses adeptes sont étroitement dominés par le dogme marxiste. Il est facile de comprendre que, dans ces conditions, ils glissent rapidement vers le pacifisme internationaliste, et qu'ils soient en général peu qualifiés pour l'exercice du pouvoir.

Pourtant, il faut distinguer parmi eux les majoritaires *bolchéviks*

---

1. Les « défaitistes » ou *porajentsy* s'opposent aux partisans de la défense nationale ou *oborontsy*.

et les minoritaires *menchéviks*. Au moment où la scission s'est opérée, en 1903, les *bolchéviks* constituaient en effet la majorité. Ils sont à l'heure actuelle — fort heureusement — en minorité, mais l'appellation de « majoritaires » leur est restée.

Les *bolchéviks* sont intransigeants, extrémistes et antipatriotes. Quand leur chef Lénine revint de Suisse à Pétrograd avec la complicité des Allemands, les premiers mots qu'il proféra sur le quai même de la gare de Finlande furent : « Vive la guerre civile! »

En 1906, ils ont boycotté les élections à la Douma et repoussé toute alliance avec la démocratie bourgeoise. Ils admettent l'insurrection comme moyen de lutte politique et sociale. Au printemps de 1917, ils ont préconisé la fraternisation avec l'ennemi et se sont efforcés par leur propagande de désorganiser la force combative de l'armée.

Avec ces extrémistes, aucun pourparler n'est possible. Si le gouvernement provisoire était plus fort, il arrêterait leur propagande par voie répressive. On ne peut faire valoir en l'espèce la liberté d'opinion, car, en tous pays, cette liberté a pour limite le code pénal. Il est inadmissible en temps de guerre qu'un parti soit en intelligence ouverte avec l'ennemi.

Les *menchéviks* au contraire sont relativement modérés. Ils combattent sans doute avec énergie les tendances impérialistes et nationalistes, mais ils reconnaissent, dans la guerre actuelle, l'impossibilité d'une paix séparée et la nécessité de vaincre le militarisme allemand [1].

Unis aux socialistes-révolutionnaires, ils dominent sans conteste dans le *Soviet* de Pétrograd. Bien que, par leurs traditions et leur programme, ils restent très différents des socialistes-révolutionnaires, ils se trouvent rapprochés d'eux par le fait des circonstances. Comme je l'ai dit plus haut, c'est sur la question patriotique que se fait aujourd'hui la coupure. En fait, à l'heure actuelle, il n'y a plus que trois grandes orientations politiques, trois grands groupes électoraux :

1° Les constitutionnels-démocrates ou cadets (K.-D.), qui représentent la démocratie bourgeoise. C'est eux qui ont constitué le

---

1. Il existe toutefois un petit groupe de *menchéviks* internationalistes qui, sur les questions de défense nationale, votent avec les *bolchéviks*.

noyau du premier gouvernement provisoire. Ils semblaient un parti de gauche avant la Révolution, comme les Girondins en 1791, mais ils siégeront évidemment à droite à l'Assemblée constituante. Les partis conservateurs ont momentanément disparu.

Le leader des cadets, M. Milioukov, a dû quitter le ministère à la fin d'avril 1917. Ils ont actuellément quatre représentants officiels dans le gouvernement provisoire : Chingarev aux Finances, Nékrassov aux Voies de communication, Manouilov à l'Instruction publique, le prince Chakovskoï à l'Assistance publique[1]. En fait, tous les ministres bourgeois, même les anciens octobristes, se sont pratiquement ralliés au programme constitutionnel-démocrate.

Les cadets sont essentiellement un parti d'intellectuels. Ils ont fourni au nouveau régime un grand nombre de hauts fonctionnaires éminents : adjoints de ministres, sénateurs, chefs de service. M. Maklakov, dont on a parlé pour l'ambassade de Paris, est un des plus remarquables orateurs du parti cadet.

2° Les socialistes de gouvernement, qui sont actuellement les maîtres du *Soviét* de Pétrograd. Ce bloc comprend tous les socialistes patriotes : des social-démocrates *menchéviks* comme les ministres Skobélev et Tsérételli, des socialistes-révolutionnaires ou des socialistes partisans d'un programme analogue tels que les ministres Tchernov, Kérenski, Pêchékhonov. C'est eux qui domineront sans doute à l'assemblée constituante.

Ils sont actuellement d'accord avec le parti cadet pour lutter contre les extrémistes.

3° Les *bolchéviks*, enrégimentés sous la direction de Lénine, toujours prêts aux solutions extrêmes, sabotant l'ordre public et la défense nationale.

Chaque nuance politique est représentée par un journal différent. La liberté de la presse est actuellement totale. La censure ne s'exerce plus que pour les questions strictement militaires.

Les journaux de Pétrograd peuvent être rangés dans l'ordre suivant, de gauche à droite, suivant la gamme des opinions politiques :

La *Pravda* de Lénine et la *Novaïa Jizn'* de Gorki, journaux *bolché-*

---

1. Nous apprenons, pendant la correction des épreuves, la démission des ministres cadets, à l'exception de M. Nékrassov, dont les opinions ont toujours été, en fait, plus à gauche. Cette démission est liée à la question d'Oukraïne.

viks, écrivant quotidiennement des articles contre la guerre et contre les Alliés.

La *Rabotchaïa Gazeta*, journal *menchévik*. Il paraît également, sous la direction de l'éminent social-démocrate Plékhanov, un journal ardemment patriote *Edinstvo*. Malheureusement M. Plékhanov n'a pas eu jusqu'ici une influence correspondant à sa valeur. Le *Bund*, parti social-démocrate juif, a son organe spécial l'*Arbeiter-Stimme* [1].

Les journaux socialistes-révolutionnaires *Délo Naroda* et *Zemlia i Volia*, ce dernier plus particulièrement orienté dans le sens agraire. Enfin M. Lébédev, qui gère actuellement le ministère de la Marine, a fondé le journal socialiste-révolutionnaire patriote *Volia Naroda*.

Il convient de faire une place à part aux journaux officiels des deux principaux *Soviéts* révolutionnaires : le *Soviét* des députés ouvriers et soldats de Pétrograd et le *Soviét* des députés paysans de toute la Russie.

L'organe principal du parti cadet est le journal *Rétch*.

Il ne reste pour ainsi dire plus de journaux conservateurs. Le *Novoïé Vrémia* lui-même est devenu libéral. Il arbore, en pleine perspective Nevski, un drapeau rouge à la devanture de ses bureaux !

Les trois grands blocs politiques de l'heure présente se sont déjà mesurés aux élections des conseils municipaux de quartier à Pétrograd, les premières qui aient eu lieu au suffrage universel avec le vote des femmes et la représentation proportionnelle : les cadets ont obtenu 185 sièges, le bloc socialiste 299 et les *bolchéviks* 156 [2].

L'union des cadets et des socialistes patriotes s'impose donc avec une logique incoercible. C'est à elle que l'on doit cette amélioration lente dont nous observons chaque jour quelque nouveau symptôme.

---

1. Les journaux israélites sont écrits en *jüdisch*, jargon allemand semé çà et là de quelques mots hébraïques (par exemple *milkhamah* = la guerre, *chalom* = la paix, *yom-tob* = la fête, etc.). Il suffit aux personnes qui savent l'allemand d'apprendre l'alphabet hébraïque pour être en mesure de lire à peu près ces journaux. L'hébreu classique n'écrivant pas les voyelles, l'usage s'est établi d'employer l'aleph pour *a* et *o*, l'aïn pour *e* et *ä*, le yod pour *i* et *ü*, le vav pour *o* et *u*, le double yod pour *ei*, etc.

2. Il est d'ailleurs intéressant de noter qu'en Russie le drapeau rouge n'est pas un emblème de la révolution sociale, mais simplement du nouveau régime. Par contre, la *Marseillaise* est souvent chantée par des internationalistes « défaitistes ».

3. Aux élections municipales de Moscou, les cadets ont obtenu 34 sièges, les *menchéviks* et les S.-R. 140 (24 + 116), les *bolchéviks* 23. Le centre socialiste est donc plus fort à Moscou qu'à Pétrograd.

L'expulsion de Grimm, l'interdiction d'entrer en Russie pour les
socialistes qui sont passés par l'Allemagne [1], les sanctions décrétées
contre les déserteurs, sont des mesures que le gouvernement provisoire n'aurait pu prendre en avril ou mai 1917. Enfin et surtout
l'offensive du 18 juin (1er juillet) consacre les efforts et l'admirable
propagande de M. Kérenski, le « Saint-Just » de la Révolution russe,
qui personnifie en quelque sorte l'union du gouvernement et du
Soviêt socialiste.

V. — La Révolution russe et le principe des nationalités.

La Révolution russe, mettant au premier plan la question internationale, devait insister d'une façon particulière sur le principe
des nationalités.

La question s'est posée d'abord pour les nationalités « allogènes »
de l'Empire russe. Avant de proclamer comme but de guerre le droit
des peuples à disposer d'eux-mêmes, il fallait, en bonne logique, le
reconnaître au sein de la Russie elle-même. Le gouvernement provisoire a pris, sur ce point, des mesures d'une importance décisive.

1° Il a proclamé, non plus le *self-government* de la Pologne,
comme le grand-duc Nicolas Nicolaïévitch, ni même son autonomie,
comme M. Gorémykine, en août 1915, mais son indépendance totale.
Par opposition à la politique allemande en Pologne, le gouvernement russe veut réunir *tous* les territoires peuplés de Polonais en un
État *réellement* indépendant. La nouvelle Pologne devra comprendre, non seulement le « Royaume du Congrès[2] », mais Posen et
Cracovie, peut-être même la Haute-Silésie. Toutes les circonscrip-
tions électorales qui, malgré la pression allemande, ont envoyé des
Polonais au *Reichstag*, constituent évidemment le territoire minimum
qu'il faut arracher à la Prusse. La proclamation du gouvernement
provisoire prévoit simplement une *libre* alliance[3] militaire avec la
Russie.

1. Si le gouvernement faisait rétroagir cette interdiction, il devrait arrêter
le « défaitiste » Lénine.

2. Il est intéressant d'observer que dans les nouvelles lois russes, le gouvernement de Kholm, arraché au royaume de Pologne en 1912, n'est plus compris
parmi les gouvernements de la Russie d'Europe.

3. Le mot russe *soïouz* veut dire indifféremment alliance ou union. Étant
donnée l'épithète « libre », nous croyons plus exact de traduire par « alliance ».

Nul ne peut douter de la parfaite sincérité du gouvernement russe. Nous avons observé nous-même, en causant avec des ministres ou de hauts fonctionnaires russes, que toutes les questions administratives polonaises étaient délibérément rayées de leurs occupations. Quand M. Trépov parlait du grand programme de chemins de fer, devant porter sur 50,000 verstes, il y comprenait les futures voies ferrées de Pologne. M. Nékrassov au contraire, le nouveau ministre des voies de communication, a logiquement exclu la Pologne de ce programme.

Les députés polonais à la Douma et au Conseil d'Empire ont naturellement donné leur démission.

Une des conséquences directes de la proclamation russe a été la rupture des Polonais d'Autriche avec le gouvernement de Vienne. C'est là un fait d'une importance capitale dans l'histoire politique de la Pologne, fait décisif sur lequel on a généralement trop peu insisté.

Nous considérons dès aujourd'hui l'indépendance totale de la Pologne comme un des buts de guerre les plus sûrement atteints.

2° Le gouvernement provisoire a restitué au grand-duché de Finlande toutes ses libertés, en abrogeant les actes illégaux du dernier règne. Il est même allé plus loin. Développant la constitution finlandaise, il a inauguré en fait le parlementarisme, avant de le consacrer en droit par un texte législatif. Il a choisi les nouveaux sénateurs ou ministres finlandais dans la majorité social-démocrate de la Diète.

Ainsi le gouvernement russe tend à pratiquer vis-à-vis de la Finlande une politique largement libérale, comme l'Angleterre vis-à-vis de ses *dominions* coloniaux.

Malheureusement certains Finlandais répondent au libéralisme de la Russie nouvelle par une agitation séparatiste qu'ils couvrent sous une pédanterie juridique de mauvaise foi. Nous les croyions, à vrai dire, plus « politiques » et plus pondérés. Suivant le mot incisif de M. Kérenski, les Allemands ne sont pas les seuls à interpréter comme une faiblesse la générosité de la Russie révolutionnaire[1].

3° On sait qu'en Orient, les questions religieuses se lient étroitement aux questions nationales. En déclarant tous les citoyens russes

—

1. Discours prononcé à Helsingfors le 9 (22) mai 1917.

égaux devant la loi, quelle que soit leur confession ou leur nationalité, le gouvernement provisoire a grandement facilité l'apaisement des luttes ethniques.

L'oukaze-loi du 20 mars 1917 a été sur ce point décisif. Il a pour conséquence principale d'accorder aux Juifs une pleine égalité de droits. Toute cette législation minutieuse, incohérente et tracassière, à laquelle étaient soumis les Juifs de Russie et dont les volumes du *Svod Zakonov* étaient comme encombrés, ne subsiste plus maintenant qu'à l'état de souvenir historique.

D'ailleurs, en proclamant la Pologne indépendante, le gouvernement provisoire a retranché de la Russie la plus grande agglomération juive d'Europe. Cette conséquence indirecte de l'indépendance polonaise facilitera sans doute la solution du problème juif en Russie. Quant à la question juive en Pologne, le gouvernement russe ne s'y intéresse plus directement. Toutefois, comme il l'a déclaré dans sa proclamation aux Polonais, il espère avec confiance « que les peuples liés à la Pologne par des siècles de vie commune recevront la pleine garantie de leur existence nationale et civique ».

Quant aux Polonais qui vivront en Russie dans les « gouvernements de l'ouest[1] », ils jouiront également des mêmes droits que les autres habitants. Toutes les restrictions, relatives notamment à la propriété foncière et aux droits électoraux, se trouvent par le fait même abrogées.

4° Le principe de la liberté religieuse a pour corollaire le principe de la libre organisation ecclésiastique. C'est ainsi qu'au lendemain de la Révolution russe, les Géorgiens du Caucase ont réclamé l'indépendance administrative de leur Église. Sans doute, ils sont orthodoxes comme les Russes et en parfaite communion dogmatique avec eux, mais, conscients de leur nationalité, ils veulent que l'Église géorgienne soit soustraite à la direction du Saint-Synode russe et devienne « autocéphale », comme l'Église de Roumanie par exemple.

Nous nous sommes trouvé à Mtskhet, ancienne capitale et ville sainte de la Géorgie, le lendemain du jour où les évêques du pays, rassemblés en concile, s'étaient prononcés pour le rétablissement de

---

1. Nous croyons en effet chimérique de vouloir annexer ces gouvernements à la future Pologne, sauf, peut-être, les gouvernements catholiques et lithuaniens du nord-ouest. Un congrès lithuanien, réuni à Pétrograd, s'est prononcé toutefois pour l'indépendance totale de la Lithuanie.

l'autocéphalie. On se préparait, dans la cathédrale historique de Mtskhet, à restaurer la liturgie en langue géorgienne et à élire un *catholicos* ou patriarche indépendant.

Le gouvernement provisoire a sanctionné cette initiative. L'ancien exarque russe de Géorgie deviendra simplement évêque de Tiflis, conservant dans son obédience tous les orthodoxes à l'exception des Géorgiens. Sans doute il s'agit, en l'espèce, de tendances beaucoup plus nationalistes que religieuses. Mais, autant l'autonomie à base territoriale est chimérique dans un pays comme la Géorgie où la bigarrure ethnique est extrême, autant l'autonomie religieuse nous paraît légitime, inoffensive et même pacifiante.

5° Enfin, d'une façon générale, le gouvernement provisoire se montre très disposé à satisfaire, dans la mesure du possible, les aspirations des diverses nationalités. C'est ainsi qu'il songe à remanier les frontières des trois provinces baltiques pour les faire coïncider avec la délimation des nationalités. Il n'y aurait plus que deux provinces au lieu de trois : au nord l'Esthonie, peuplée en majorité d'Esthes; au sud la Latvie, peuplée en majorité de Lettons. Le gouvernement de Livonie disparaîtrait. Il deviendrait ainsi plus facile de réglementer l'emploi des langues dans l'administration locale. Il n'y aurait qu'une langue admise, outre le russe et l'allemand : l'esthonien dans le nord et le letton dans le sud.

Pourtant le gouvernement russe, par ce fait même qu'il est provisoire, ne se reconnaît pas le droit d'orienter l'État russe vers une solution fédérative du problème des nationalités. Il estime avec raison que cette question capitale — comme la question constitutionnelle ou la question agraire — ne peut être tranchée que par la future assemblée constituante. Le gouvernement actuel ne doit prendre que des mesures « conservatoires », au sens le plus large du mot.

Par cette attitude réservée, il se heurte aux aspirations plus ou moins factices des Oukraïniens, qui réclament l'autonomie de la Russie méridionale, sous prétexte que la majorité des habitants y parle petit-russien.

En fait, pour tout observateur impartial, il n'y a pas *une* question, mais *des* questions petites-russiennes. La Galicie orientale, dont les Russes occupent actuellement une partie, ne « pense » pas du tout de la même façon que la région de Kiev et, *a fortiori*, que la région de Kharkov. La théorie française des nationalités proclame avant tout le droit des peuples à disposer d'eux-mêmes. C'est une théorie essentiellement psychologique. Les Allemands au contraire, et, à leur suite, les *leaders* intellectuels du parti oukraïnien, définissent la nationalité d'après des critériums extérieurs — linguistiques, ethnographiques, voire zoologiques. Les Oukraïniens ne s'occupent pas de savoir si un paysan du gouvernement de Kharkov se sent réellement solidaire d'un paysan de Volhynie : ils affirment que l'un et l'autre doivent faire partie du même groupement autonome, parce que, dans le langage de l'un comme de l'autre, l'*i* mou du grand russe est remplacé par un *i* dur[1] !

Heureusement, le socialisme révolutionnaire russe n'a jamais fait sienne cette théorie linguistique des nationalités. Il a toujours proclamé au contraire le principe de l' « auto-détermination » des peuples. C'est le seul qu'on doive appliquer, non seulement dans la politique intérieure à l'égard des nationalités allogènes, mais aussi dans la politique internationale vis-à-vis des peuples opprimés.

Armé de ce principe, les révolutionnaires russes auraient pu logiquement reviser les « buts de guerre » de l'ancien régime. Par malheur, ils ont associé au principe de l'auto-détermination des peuples la formule sacro-sainte, répétée partout comme un dogme : « la paix sans annexion, ni contribution ».

Combien de fois nous avons vu cette formule écrite en lettres d'or sur les bannières des manifestants ! Combien de fois nous l'avons entendue comme en refrain dans les discours des orateurs politiques, notamment dans ces « concerts-meetings » qui sont une des manifestations les plus « russes » de la vie révolutionnaire !

Inutile de dire que nombre de soldats-*moujiks* ne comprennent rien à cette formule, pas plus qu'à tant d'autres, telles que « Vive Zimmerwald ! » ou : « A bas l'impérialisme ! » Certains ont compris que « sans annexion » voulait dire « sans offensive ». D'autres se sont imaginés que « sans contribution » voulait dire « sans contribution prélevée par l'Allemagne sur la Russie » !

---

1. Le gouvernement provisoire vient de faire, malgré l'opposition cadette, de très importantes concessions aux Oukraïniens. Il a nommé, comme organe supérieur de l'administration régionale d'Oukraïne, un secrétariat spécial, qui s'appuie sur la « Rada » ou Conseil central des Oukraïniens.

Contre l'intransigeance absolue de cette formule, les patriotes russes·et les représentants des Alliés ont dû lutter à coup d'arguments logiques ou sentimentaux, sans rompre en visière avec elle, mettant toute leur éloquence à faire exprimer à ces mêmes mots, réputés intangibles, des idées plus justes et plus saines. Il fallait expliquer aux socialistes russes que la question d'Alsace-Lorraine ne soulevait pas un problème d'annexion, mais bien de « désannexion », que les indemnités aux pays envahis devaient être considérées, non comme une contribution de guerre, mais comme des dommages-intérêts, analogues à ceux que l'on peut réclamer devant un tribunal civil. Au service de cette cause, nul n'a mis plus d'éloquence et d'énergie, plus d'intelligence efficacement tournée vers l'action que M. Albert Thomas pendant sa dernière mission en Russie.

On a pu interpréter de deux façons cette campagne des révolutionnaires russes contre toute annexion et toute contribution. Pour les uns, c'est une manifestation de noble idéalisme. Pour les autres, c'est un signe de faiblesse et de lâcheté. La Russie n'a qu'un moyen de prouver au monde la noblesse de son attitude, c'est, tout en maintenant son idéal, de se battre héroïquement jusqu'au bout. Comme l'a dit le distingué ministre des Affaires étrangères, M. Térestchenko, « la Russie libre doit montrer par son action que, si elle renonce aux conquêtes, ce n'est pas parce qu'elle ne *peut* conquérir, mais parce qu'elle ne le *veut* pas »).

15 juillet 1917.

1. Allocution du 8 mai 1917.

AUTRE OUVRAGE DE M. PIERRE CHASLES

Le Parlement russe, *son organisation, ses rapports avec l'Empereur.*
1 vol. in-8 avec préface d'Anatole LEROY-BEAULIEU, 1910. 5 fr. (Paris,
Arthur Rousseau.)

LIBRAIRIE FÉLIX ALCAN

AUTRES OUVRAGES SUR LA RUSSIE

APOSTOL (Paul). — **L'artèle et la coopération en Russie.** Traduit par
CASTELOT. Préface de Arth. RAFFALOVICH. 1 vol. in-18, 1899. . . **3 fr. 50**

CAHEN (G.), chargé de mission en Russie, docteur ès lettres. — **Histoire
des relations de la Russie avec la Chine sous Pierre le Grand (1689-
1730).** 1912. 1 vol. gr. in-8. . . . . **10 fr.**
— **Le livre de comptes de la caravane russe à Pékin (1727-1728).** Texte.
Traduction. Commentaire. 1912. 1 vol. gr. in-8. . . . . **5 fr.**

CASPAR (Jean-Jacques), avocat à la Cour d'Appel de Paris. — **La résistance légale en Finlande.** Préface de M. Pierre MILLE. 1914. 1 vol.
in-16. . . . . **2 fr. 50**

CHMERKINE (C.) — **L'antisémitisme en Russie.** 1897. 1 vol. in-8. . **3 fr.**

KOVALEVSKY (W. de). — **La Russie à la fin du XIXe siècle.** 1900. 1 fort
vol. gr. in-8 de 1000 p. . . . . **5 fr.**
Publication de la Commission impériale de Russie pour l'Exposition uni-
verselle de Paris en 1900.

MARCHAND (R.), correspondant du *Figaro* à Saint-Pétersbourg. — **Les
grands problèmes de la politique intérieure russe.** *La question agraire.
La question polonaise. La question finlandaise. La défense nationale. La
situation politique.* 1912. 1 vol. in-16. . . . . **3 fr. 50**

NIEDERLE (L.), professeur à l'Université de Prague. — **La race slave.**
Statistique. Démographie. Anthropologie. Traduit du tchèque et précédé
d'une préface par L. LEGER, de l'Institut. 2e éd., 1915. Un vol. in-16, avec
1 carte en couleurs hors texte. . . . . **3 fr. 50**

OSSIP-LOURIÉ, professeur à l'Université nouvelle de Bruxelles. — **La philo-
sophie de Tolstoï.** 3e édit., 1908. 1 vol. in-12. . . . . **2 fr. 50**
— **Pensées de Tolstoï,** d'après les textes russes. 3e édit., 1910.
1 vol. in-12. . . . . **2 fr. 50**
— **La philosophie russe contemporaine,** 2e édit., 1905. 1 v. in-8. . **5 fr.**
— **Nouvelles pensées de Tolstoï,** d'après les textes russes. 1903. 1 vol.
in-16, avec fac-similés d'autographes. . . . . **2 fr. 50**
— **La psychologie des romanciers russes au XIXe siècle,** 1905. 1 vol.
in-8. . . . . **7 fr. 50**
— **La Russie (1914-1917).** 1 vol. in-16. . . . . . . **3 fr. 50** (*Sous presse*).

POSNER (S.) — **La Pologne d'hier et de demain.** Préface de G. RENARD,
prof. au Collège de France. 1 vol in-8. . . . . **1 fr. 25**

RAFFALOVICH (Arth.). — **La Russie et la guerre,** 1915. 1 broch.
in-8. . . . . **0 fr. 60**

688-17. — Coulommiers. Imp. PAUL BRODARD. 4-10-17.

REVUE DES SCIENCES POLITIQUES

COMITÉ DE RÉDACTION

M. EUGÈNE D'EICHTHAL, de l'Institut, Directeur de l'Ecole libre des Sciences Politiques; **M. R. STOURM**, de l'Institut, ancien Inspecteur des finances et Administrateur des Contributions indirectes, Secrétaire Perpétuel de l'Académie des Sciences Morales et Politiques; **M. AUGUSTE ARNAUNÉ**, de l'Institut, ancien directeur de l'Administration des Monnaies, Conseiller Maltre à la Cour des Comptes; **M. A. RIBOT**, de l'Académie française, Sénateur, Ministres des Affaires étrangères; **M. LOUIS RENAULT**, de l'Institut, Professeur à la Faculté de droit de Paris; **M. ROMIEU**, Conseiller d'État; **M. ÉMILE BOURGEOIS**, Professeur à la Faculté des lettres de Paris; **M. CHRISTIAN SCHEFER**; **M. MAURICE CAUDEL**, Secrétaire général de l'École libre des Sciences Politiques; **M. CHARLES DUPUIS**, Sous-directeur de l'École libre des Sciences Politiques; **M. ACHILLE VIALLATE**, ancien Rédacteur en chef des *Annales des Sciences Politiques*, **Professeurs à l'École libre des Sciences Politiques**.

RÉDACTEUR EN CHEF :
M. MAURICE ESCOFFIER, Professeur à l'École libre des Sciences Politiques.

La rédaction décline toute responsabilité pour les opinions émises dans les articles insérés.

LA REVUE DES SCIENCES POLITIQUES (Trente-deuxième année, 1917) est la suite des ANNALES DE L'ECOLE LIBRE DES SCIENCES POLITIQUES et des ANNALES DES SCIENCES POLITIQUES. Elle paraît tous les deux mois, les 15 février, avril, juin, août, octobre et décembre, par fascicules grand in-8 d'au moins 160 pages chacun et forme deux volumes par an avec couvertures et tables.

PRIX D'ABONNEMENT
Un an (du 15 janvier)

Paris.. **18 fr.**
Départements et étranger...................................... **19 fr.**
La livraison................. **3 fr. 50**

On s'abonne à la **LIBRAIRIE FÉLIX ALCAN**, 108, boulevard Saint-Germain, Paris; chez tous les libraires et dans les bureaux de poste.

LIBRAIRIE FÉLIX ALCAN

BROCHURES in-8 à 60 centimes.

CAPITAN (Dr), professeur au Collège de France et à l'École d'Anthropologie. — **La psychologie des Allemands actuels**, *alcooliques, fous et criminels.*

DELBET (Pierre), professeur à la Faculté de Médecine de Paris. — **L'emprise allemande.**

DRIAULT (E.), agrégé d'histoire. — **La reprise de Constantinople et l'alliance franco-russe.**

HAUSER (Henri), professeur à l'Université de Dijon. — **Le principe des nationalités.**

LACROIX (Gal). — **L'Effort de la Roumanie.**

LANESSAN (J.-L. de). — **Comment l'éducation allemande a créé la barbarie germanique.**

LePINE (R.), correspondant de l'Académie des Sciences. — **Contre la dépopulation de la France**, *une loi nécessaire.*

LÉVY-BRUHL, professeur à la Sorbonne. — **La conflagration européenne.** *Les causes économiques et politiques.*

LORIN (Henri), professeur à l'Université de Bordeaux. — **La paix que nous voudrons.**

Pape et la guerre (Le), *Simples réflexions d'un catholique.*

PÉRET (Raoul), ancien ministre du commerce. — **La puissance et le déclin économiques de l'Allemagne.**

PERRIER (Edmond), de l'Institut, Joseph REINACH et R. VENITSCH, ministre de Serbie. — **L'effort serbe.**

PIOT (Stéphane). — **Gabriel d'Annunzio et la politique nationale en Italie.**

PRINCE L. L. D. (Morton). — **La psychologie du kaiser,** *étude de ses sentiments et de son obsession,* traduit de l'anglais par Joseph PINEAUD.

RAFFALOVICH (Arth.). — **La Russie et la Guerre.**

RIGNANO (Eug.), directeur de la Revue internationale *Scientia.* — **Les facteurs de la guerre et le problème de la paix.**

WAMPACH (G.), docteur en droit. — **Le grand-duché de Luxembourg et l'invasion allemande.**

— **Le Luxembourg et les Luxembourgeois.**

(Envoi franco contre mandat-poste.)